JN436669

고양이 타르코프스키

실천시선 248

고양이 타르코프스키

김명신

실천문학사

차례

제1부

제2부

제4부

제1부

개가 개에게

검은 개

더러운 개

흰 개

더러운 개

이 골목을 얼마나 싸돌아다니는지
너의 냄새가 내 몸에서 나고

잠깐이라도 변하고 싶은 건
어머니의 기도 같아서

비가 오면 개들은 왜 그렇게 돌아다니는 건지
어디서 흘러나오는 건지 왜 한 방향으로 몰려가는 건지

상어를 부르는 소년

물이 앓는 소리에 상어가 정말 올까요

기다리는 건 누구의 일이죠
시간이 무거워지고 있어요

바다는 출렁일 뿐
소년은 말라가고

상어가 소년을 소년이 코코넛을
코코넛이 바다를 바다는 상어를

같아지지 않으면
동그랗지 않으면

우리의 식탁, 주문은 왕성하고
저마다의 상어를 그려놓고 기도를 올리고 있지

바다와 바다 사이에 소년이
소년과 소년 사이에 상어가
상어와 코코넛 사이에 고기들이
코코넛과 바다 사이에 상어가

소년은 텅 비었고,

우리는 풍부하니까

머리부터 삼켜야 해
목에 걸리지 않게 머리부터

절대 꼬리부터 삼킬 거야
목에 걸리지 않게 꼬리부터

꼬리 쪽을 입에 물어
암컷이 삼키기 좋게

절대 머리 쪽을 입에 물어
암컷이 삼키기 좋게

우리는 풍부하니까
너희 울음소리를 들으며

아름답게 죽어가니까
아름답게, 물총새야

우리를 낳기 위한, 물총새야

물고기는 물 밖에 있어

누구나 땅을 헤집는다
막대기를 피해
갈라지는 흙의 살들
상처가 길을 열고 물속으로 전이되는 핏물
아무도 오지 않을 거야
아무도 오지 않아야 해
심술은 소년을 자라지 못하게 해
어른이 되는 빠른 길을 안내할까
저수지의 비
아래로 아래로
아무도 오지 않아 더욱 빛나는
고개를 숙이고 아무 곳이나 쑤셔보는
소년의 막대기에 저수지의 살들이 묻어나고
어쭙잖은 불만이 환희가 될 그 지점을 꼭
알아내고플 때

빈

망태가 꿈틀거린다

내 이름은 쿠키 커터 상어

우리가 만날 수 있을 거란 생각을 못 했어

발광하는 뱃살의 빛
심해를 둘러싼 고요

어울린다는 것은 우리 모두 살 수 있다는 것일까

큰 먹잇감을 물어뜯고 가는 내 이가
강한 턱 덕분이라고 생각하는 건 단순해

내가 너를 바라보았을 때 이빨이 통째로 빠지는 걸
놀라지 마, 난 내 이빨이 제일 맛있으니까

사람들은 칼슘을 보충하는 가장 현명한 방법이라고 말하지만
맛없는 건 그 어떤 것도 먹지 않아

고요와 침묵을 같은 말이라고 우기는 것보다
내가 물고 간 그 자리에서 가장 맛난 과자가 구워진다는 걸

알 거야,

우린 두 마리

빨리 달린다고 먹이가 되지 않는 것은 아니었다

우린 두 마리
표범으로 달렸다가
갓난 톰슨가젤의 뒷다리로 달렸다가
보아뱀의 아가리가 되었다가
못된 뻐꾸기를 붉은 머리오목눈이로 길렀다가
증조할아버지의 아이를 낳는 손녀 표범이었다가
먹지도 않을 거면서 새끼 악어를 갖고 노는 하마였다가
먹이 활동에서 부상을 당한 암사자의 포효였다가
어미의 주검을 씹어먹는 어린 딸이었다가
위험한 곳에 알을 낳고 죽어가는 바다거북의 모래 속 구멍이었다가
살육의 현장을 훤히 비추는 보름의 달이었다가
살육의 현장 바다였다가
교미를 끝낸 후 뒤도 돌아보지 않고 떠나는 수사자의 뒷모습이었다가

전쟁에서 교미 한 번도 못 하고 돌아와 애벌레들의 먹이가 되는 일벌이었다가

삶과 죽음이 평행으로
혀를 길게 내밀며 서로를 핥아주고 있었다

강물에 적신 수양버들 잎들이 기다리는 건

한 날의 모두가 걸어가고 있습니다
내 팔이 몇 개나 필요할지도 생각할 수 없습니다

사건은 버드나무에서 시작됩니다
잠자리채를 들고 이 나무 저 나무 헤집어 놓는 아이들
그림자에서 햇살이 털어집니다

수양버들은 기다림의 머리카락입니다
물 위에서 일그러집니다

때를 놓친 저것들
전 그냥 스미라고 합니다

어스름은 얇고 투명합니다
죽음의 주검들이 말랑말랑해질 때
가볍다는 거 어떻게 설명하죠

눈부셔라, 세상의 손들

따라오지 마
빨려 가는 뒤통수를 어쩔 수 없지만
날릴 순 있어
옷이라도 벗어줄게

강물은 불어나도 그 자리야
어서 눈을 감아

아직도 내가 부르는 소리를 듣지 못하나요

오늘은 얼마나 게으르고 지루하냐

다리에서 만나
라는 말을 어떻게 들었니

징검다리
비껴가는 물살

주검을 찾아 떠내려간 것들이 아직 돌아오지 않았어
달은 축 늘어졌지

눈을 감아
라는 말을 어떻게 들었니

풀을 스치는 정체를
붙잡을 수 있을까

눈을 떠도 좋아

기다림은 불안을 오래도록 노래하는 거야
사물의 이름을 하나하나 부르며
입술을 조금 더 앞으로

다 잃어버려도 모두가 공범일 때 행복하지

다리에서 만나
순수의 말은 아니라서

아직 귀를 닫지 않은 접시꽃들아,

오후 4시 44분

여러 개의 약속을 잃고 하나를 챙긴다
시계들을 눕혀놓고 거울을 길게 세운다
나오기 전과 뱉고 난 후의 말이 전혀 다르다
타향에서 한자리 차지한 사람이 봉변을 당한 영상이 반복되고 있다
입에선 벌레들이 줄줄이 나오고 발이 작아지고 등뼈가 휜다
얼굴들이 나타났다 사라진다
태양과 달이 똑같다고 우기는 사람은 목젖이 크다
그게 무슨 상관이야,
같은 계절에 너는 겨울이고 나는 여름이다
더욱 영리해진 것이 더욱 나빠진 것이라고 듣는다
법은 도덕을 모르고 도덕은 법과의 관계를 기대한다
시인들은 술을 제조하고 항아리를 연구한다
우편함에 세금 고지서가 수북하다
그늘이 지고 검은 고양이가 손을 자꾸 넣었다 뺀다

입만 벌려 봐라, 너!

새에 관한 명상

히치콕의 〈새〉를 처음 보았을 때 기억나는 건 어둠과 새로 덮인 하늘과 새가 파먹은 사람의 눈이 텅 비어 있었다는 것 새들이 어떻게 맛을 알고 쪼아먹었을까 하는 생각이 증폭되었을 때, 어떤 현실의 장면이 상상을 끊어주었는데, 지금은 그것을 다행이라 생각하지 않는다.

한쪽 날개가 약한 새들은 땅에 가까이 내려올 때 엉성한 자세를 취한다 그 자세를 흉내 내느라 남자아이는 뱅뱅 제자리를 돌다가 꼬꾸라진다 새가 되고 싶다고 했니, 저렇게 날개 한 쪽으로 태어나는 새가 되고 싶은 거니, 저건 털을 다 뽑고 나면 한 접시도 안 되는 포장마차의 안줏감일 뿐이야 새의 비행을 그저 환상적이라고 생각하는 그 버릇, 상상력을 키우는 데 도움이 된다고 떠들어대는 그 누구의 입술을 부리로 만들어버리고 싶다니까요

그 겨울 모두가 안으로만 열중할 때, 새 한 마리 유리창을 향해 돌진했다 반쯤 뜬 눈과 아직 따뜻한 날개, 백합나

무 잎에 싸고 또 싸서 바람 자리에 눕혔어, 봄이 되었고 그 곳을 파보았는데 아무것도 발견되지 않았지 새들이 생각지도 못한 곳에서 불쑥 튕겨 나와 하늘을 향해 질주하는 걸 보았다면 이상한 일도 아니니까 어떤 나무도 새를 품어주지 않는 건 본 적이 없어

새를 만지지 마라
꽉 쥐면 죽여버릴지도 몰라

다락방

기억이 슬레이트 지붕 같아

분홍 알약
혀끝에 닿을 때

한 마리 쥐새끼

빨아먹지도 깨 먹지도 않았는데
잠이 들었지

우린 너무 딱딱한 귀를 가졌어

검은 짐승의 눈빛과 마주쳤을 때

제 2 부

겨울잠

0

잘 가, 거짓말같이

하루에 눈이 다 내렸다
문고리 너머 동화 세상이었다

1

문고리가 떨고
죽창에 갇힌 고구마들이 떨어지고
어른을 부르는 울음에 소도 따라 울고
탈출을 도모하는 토끼가 창살을 긁어대고
지푸라기를 이기고 땅으로 추락하는 고드름

눈은 푹푹

잠에서 깨어난 소녀는
죽창 사이로 손을 넣어본다

물컹한 물

손등을 때리는 손이 아랫목으로 끈다

눈이 타들어 간다
방이 불타고
쪽창으로 눈이 내리고
처마가 떨어지고
문고리가 마당으로 나가고
바람눈이 방으로 침입하고

화로가 뒤집어지고
문짝이 비명과 나뒹굴고
눈이 긴 오후를 켜켜이 덮어주었다

분홍 약 냄새
방의 일은 방에서 회복되었다

오동나무에 거꾸로 매달린 외삼촌은
아직도 눈을 맞으며 마루에 걸려 있다

잘 가, 오래전 내 엉덩이

거짓말같이, 눈이 와

폭염의 노래

동그란 공 안에 갇혀 있어

어둡고 긴 것은 터널 터널은 까매 까마면 정지 정지는 빨개 빨가면 피 피는 비려 비리면 사람 사람은 푸르르 푸르르면 바다 바다는 파래 파라면 희망 희망은 노래 노래는 앵무새 앵무새는 말 말은 노래 노래는 똑같아 똑같으면,

풀썩

노래의 정체는 불통 불통은 아름다워 아름다운 건 불편해 불편하면 진실 진실은 있기도 없기도,

털썩

너무 오래 주저앉아 있었어
눈을 감고 있었던 거야
빛이 별이 되고 별이 땡별이 되고 땡별이 말을 먹고 말은

더듬고
어떤 노래를 불렀던 거야 춤도 추었을 거야

진지할수록 미안해

구멍이 뚫린 시간의 바가지를 안고
입맞추는 우리

가위바위보로 하자
익숙한 행위로 따낼 수 있는 것들은 모두 따 걸어보자

너는 가위를
나는 보를
바위의 시간을 겸허히 받고

이제 우리
가위만 내려고 한다

너는 보를 내자

네가 가진 가위보다 더 예리한
내가 가진 보보다 주먹 같은 보

흥정이란 대등할 때 쓰는 말

저기, 자기를 지키는 하얀 호랑이를 잡아먹는
꼬리 없는 쥐새끼에게

가위! 가위! 보!

가시에 찔리다

벌써 당신은 왜 존재하십니까
라고 물어올 기세군요
지금부터 통증의 강도에 따라 노래할 겁니다
적어도 노래는 무례하지 않죠

요즘은 구체적 이름에 리듬이 달라붙죠
호명된 사람은 나에게로 와 춤을 춥니다
춤은 가시의 성장을 돕고
의외로 빨리 반성의 자리를 마련합니다

가시, 가시, 가시……
가시에 가시가 찔려 반성이라고 하나요
가시는 왜 칭찬이 되지 못하는 겁니까

아, 직선의 힘
정말로 당신, 가시가 직선이라고 생각합니까

한 마리 새라고 말할 수 있어요
머리가 둘이거든요
온통 블루마린이었어요
살갗이 닿으면 쓰렸어요

우린 눈이 가장 불편했어요
외눈박이가 되기로 했죠
푸른 외눈이 출렁일 때는
바다의 노래를 들을 수 있었죠
오래도록 연주했죠

아름다운 노래는 심술이 나죠
나는 더 이상 노래를 부르지 않았죠
나를 지목한 나는 성대를 잘랐어요
지금 가시관이 보이나요
나를 내려다보는 건 아니죠
세상을 조이는 나사못 같아요

빛을 빼어가는 건 아니죠
빛들이 소용돌이쳐요

저는 다만 가만히
또 다른 누구를 불러낼까

골몰하네요

웅덩이

실수의 슬픈 얼굴입니다

위험의 시작입니다

투명 가시 울타리에 빠진 수수께끼

두려움의 여기

처음은 두렵죠
살아 있는 것들은 얼마의 나를 가지고 있나요

노래의 바탕이죠

안간힘을 써보아요

하늘의 거울, 땅의 바다, 어머니의 집, 잠의 시작, 바람의 춤, 시간의 정류장

아, 기지개를 켜 보아요

괴물

0

아직 닿지 않았다

1

사과는 빨갛다
익을수록 썩어간다
썩을수록 맛있다

2

새로운 천사는 이미 와 있는 것이다

3

고래가 왔다
줄을 섰다
아무도 안내하지 않은 그곳에서 심장 소리가 들렸다
오직 한 줄로
누구에게도 자랑하지 않은 비밀

세상과 세상 사이에서 줄을 서서
세상으로 살아가는 것을 행복이라고 했다

고래는 어떻게 여기 왔어,

나의 아름다운 개는

너도 아는 것이다
달달한 그 무엇을

헤어진 무릎의 기억을 핥으며
비스듬히 누워 있는

나의 아름다운 개는

흔들리는 오후를 사랑하여
겨울에도 꼬리를 가꿀 줄 아는

나의 아름다운 개는

봄에 있으면서도
겨울을 짖는다
짖지 않으면
먹을 수 없다

노래하라, 개여

둘둘 말아 긴 밤

"알랑 선생님의 꽃팬티와 브라래. 또 그 처음 도둑 짓이라던데"
훔친 속옷들의 긴 행렬이었다.
길은 학교로 나 있었고
만국기가 펄럭이듯 달싹이는 속옷들 위로
킥킥 웃음들이 뿌려졌다.
멀리 손가락 바위 아래로 아지랑이들이
마을을 깨우기도 전의 일이었다.

—『처음 도둑』 중에서

모든 의태어를 소탕하며 너는 온다
방은 점점 규칙적이다

내일은 비가 올 것이다

쥐는 쥐의 길을 가고 있다

지네는 지네의 길을 가고 있다

내일은 제법 큰 비가 올 것이다

양철 문이 덜커덕거린다
벽은 오늘도 무시무시하다

쥐들의 행방
귀에 공포가 울린다

둘둘 말아 긴 밤
둘둘 말아 긴 밤

벽 하나를 두고 소풍을 준비하는 소년들의 노랫소리가 점점 커진다 〈바다는 결코 뒤집어지지 않아 단지 파도만 거셀 뿐이지〉를 돌림노래로 부르고 있다

내일은 제법 큰 비만 올 것이다

소년들이 몰려온다
돌림노래를 부르며
양철 문에 기대선다

이번엔 두 마리야
어디로 갔을까 한 마리는

지네는 이제 안전해요
소년이 병을 들고 마당에 걸린 대나무에 웃음을 묻혀 놓고 간다

밤의 안부는 아랑곳없고 다음날도 소년은 노래할 것이다

그날 밤 소년의 귀가 점점 커가는 것을 보았다

개구리를 그려요

개구리를 그려달랍니다
눈은 불룩 튀어나오고 입은 최대한 즐거운 표정으로 팔다리는
자유스럽게

주문을 받았으니 개구리를 그립니다
넓적한 얼굴 위로 동그랗게 놀란 두 개의 눈알을 그리고 통통한
배엔 앞치마를 입히고 팔다리를 벌린 개구리를 그립니다
어차피 오려 붙일 거라고 실루엣만 그려달랍니다
사이사이 주문자의 얼굴이 바뀝니다
좀 더 귀엽게, 좀 더 개구리답게, 좀 더 활짝 웃게, 좀 더 심술 나게
음표 같은 개구리를 그려주세요

주문자의 개구리와 화가의 개구리는 소통할 수 없습니다
아이들의 개구리는 아직 모릅니다

화가의 개구리는 시입니다
연못 위에 연잎은 몇 장이면 될까
개구리밥은 얼마나 떠다니면 좋을까
아빠개구리와 엄마개구리는 어떤 모습으로 어디에 붙여
줄까
소리주머니는 얼마나 부풀릴까
입술 모양은 어떻게 할까
옷을 입힐까
모자 넥타이 꽃핀 앞치마 멜빵바지는 너무 귀여우니까
그냥 배꼽이 보이는 알몸으로 그릴까
심술개구리도 한 마리 넣어줄까

주문자여, 우리 개구리를 그릴 때는 개구리를 그립시다
그대의 개구리 말고 화가의 개구리 말고 아이들이 좋아
할 만한
개구리

아이들은 개구리를 모른다면서요

여름에 자라는 건, 소녀

소녀의 입술이 튼다
아카시아 잎이 말라간다

이름을 부르면 돌아오지 않을 거야
흩어지는 아이들

거기 아무도 없어
정말 아무도 없어

모퉁이가 좋은 아이들끼리
히히덕거릴 때

해가 지네

서둘러!
가위바위보

연한 칡넝쿨을 뛰어넘어
줄넘기를 시작해야지

물꿈

당신의 계절은 겨울입니다
바싹 마른 남자가 집게손가락을 길게 늘이며 말합니다
당신의 자궁은 겨울입니다
통통하고 기름진 남자가 입꼬리를 올리며 말합니다
습한 겨울에 무엇을 키울 순 있을까요

얇은 막을 걷습니다
엉덩이 살이 먹음직스러운 단발 소녀가 첨벙입니다
물고기들이 직렬로 흘러갑니다

물이 사라집니다
물고기들은 직렬 상태로 멈춰 있습니다
단발 소녀가 엉금엉금 기어 올라갑니다
뒤를 돌아봅니다

멀어집니다
까맣습니다

당신의 계절에 와 사는 소녀는 자랄까요,

즐거운 시간

나의 꿈은

지렁이 한 토막을 먹는 일이요,

물 외 세상으로부터 나를 구할

구원자를 만나는 일이다

—「잠자코 붕어」 중에서

(코러스)

웅덩이, 웅덩이, 웅덩이

아득해, 아득해, 아득해

얕거나 매우 깊은

거기엔 아무가 살고

우릴 기다려 기다려

(물속에서 들려오는 소리들이 점점 커지며) "고개를 들어 어서!"

아버지의 머리가 개수대로 떨어졌다
물이 뚝뚝 떨어졌다
아들아, 아버지의 팬티를 머리에 쓰려무나
우리의 냄새는 동일하다
그보다 우린 동격이다
이 말에 토를 달지 말자
오빠가 거울을 본다
나도 서서 오줌을 눈다

(아버지의 팬티가 사라지며 낮은 소리로 메아리친다) 우린 동격이다

마요네즈에 무짠지를 버무린다
구석에서 양푼에 머리를 박는다
하늘을 보며 통쾌하게 먹을 순 없을까
수북이 쌓인 설거지통을 걱정하며 먹는다
물을 마신다
시궁창 냄새가 난다

언니라고 부르며 우는 아이를 던져버렸다
오빠의 방문이 덜컹거린다
아주 열리지 않기를 기도한다
장미 이불이 햇살에 찢어진다
연탄집게에 걸려든 검은 쥐가 하수구 옆에서 할딱인다
아무렇게나 집어넣어, 꼬리를 들어 올린다
설거지통은 깨끗이 비웠니
멀리서 자전거 바퀴살이 돌아간다
어머니가 아버지를 빗자루로 때리며 온다
행동은 개처럼 말은 공손하게
골목으로 아직 일어나지 않은 싸움들이 부라린다
등골이 수꿀하다
우리가 식구라고 하면서
어머니는 우물에나 빠지라고 한다

함께 오줌을 갈기지도 못하면서
행여 옷을 망치진 않을까 더 염려하는

이런 사소한!

아직까지 위와 같은 노래를 수도 없이 작곡하여
배포한 일이 매우 힘겨운 삶이라는데

우린 아직 기울을 보고
기억을 반찬으로 꺼낸
아주 사소한!

잠자코 붕어의 말씀이 밥상에 둘러앉아 구원이라고 가리키는데,

퐁퐁 다리에서 춤을

아찔했었지
내 발보다 더 크게 뚫린 동그란 구멍
아래로
아래로
쳐다보지 말고
조심해

아래에 뭐가 있어

뱀의 대가리들

얼마나 더 빠져야 하는 거야, 녹슨 철제 다리
뭐라도 잡아야 하는데, 얼굴보다 더 큰 구멍

정말 아래에 아무것도 없어

엄마는 조막손을 쥐어짜고 있어

아, 아파요 어른도 무서운 다리를 건너야 하네요
그냥 달려버릴까요

엄마, 그때 왜 업어주지 않았어

취한 말들을 위한 시간 3

얼음 징을 박고 온음으로 박자를 맞추는 지리한 노동

사라져라 사라져라
경계엔 고요와 불안이 살고 있지

배고픔은 오늘의 시작
행복하기 위해 배가 고프고

아름답기 위해 차 한 잔에 설탕 한 조각을 넣지
사라져라 사라져라

목소리를 삼킨 눈들
소원을 통째로 얼리는

오늘 하루 별거겠냐고
눈이 내려

눈물이 얼어

일시정지의 나라

제3부

봄이 꽃을 피우는 것은 당연한가

낮달이 휘어지고
나뭇가지에 새들이 앉질 않고
바람이 바람을 만나 더워지고
자꾸만 생각나는 시간의 입들
휘파람은 그렇게 부는 게 아니지
시간의 무게로 빛을 멀리할 수 있나
쥐가오리의 비행이 한창일 때
몇 분 음표로 바다를 닿는 걸까
집으로 음성을 삽입하는 경비 아저씨는 목련의 목을 보기라도 했을까
라디오에선 추잡스런 행동들이 습기를 머금고
바깥이 안을 향해 구원의 손을 뻗는 걸 기도라고 한다고

자꾸만 바깥이 좋아지고
안과 밖 사이에서 수없이 아버지가 자빠지고
자빠지는 일이 반복될수록 숨이 되어 하늘을 날지

껍데기들아, 달달한 춤들아
가볍게 타들어 가도 변질되는 거야
아직은 전성기의 밤이여
얼마 동안은 향기로운 지하여
뜨거운 밤이여
피아노는 부서졌고 연주는 딱딱하거나 조용하거나
소문은 낮게 흐르고 무거운 성질일 때 가치가 있어

아직은 따뜻한 겨울일 때
너의 미소가 나의 침묵을 감쪽같이 삼켜버릴 때
체리의 머리들이 수북하게 떨어지거나

뒷골 백 여시는 어디만큼 왔나,

쿨, 콜, 콜드

어떤 말은 그 계절에만 숨어 살아

여기 생도 충분해

내 계절의 말은 다 소비했어

모든 소원이 다 이뤄질 것만 같아

자꾸만 부르는 콜, 콜, 콜

당기는 데 당겨오지 않았을 때
서투른 변명 같은 나의 말은,

알락꼬리여우원숭이처럼

거기 울고 있는 남자여
날 따라 해봐

두 손을 높이 치켜들고
흐느적흐느적

앞 말고 옆으로 서서
다리를 출렁거려봐

웃는 걸 잃었다면
잇몸에 핏줄 서도록 웃어봐

박자가 안 맞아 넘어지거나
다리가 꼬여 넘어지거나

아무렴 어때
알락꼬리여우원숭이처럼

나뭇가지 위를 날아다녀 봐

거기 사라지려는 거기
잠깐 뵈줄래, 저기

물컹한, 구피

〈주검을 처리하는 방식은 꼭 하나여야 해〉를 노래하고 있어
스스로를 주검으로 만들어서 관계자들에게 물결을 선물하는 즐거움이랄까

선물은 뭐든 다 좋아라고 말하지 마
상대방을 전혀 고려하지 않은 선물이니까

물컹한, 구피
멍청한, 구피

귀가 나쁜 건 아닌데 같은 말로 들려

흐물흐물해져버렸어, 뭐가
흐리멍덩해졌어, 내가

분해는 되도록 맑게 하고 있는데

벌써 죽어 부패해진 내 살들이 보푸라기가 되어가

살았어, 죽었어, 살았어, 죽었어

산 것들의 예의가 무례라는 걸 몰랐다고 말하진 않겠어
물컹해진 내 살을 만시기난 해봐

무기가 되어버린 물속의 나는 의문의 꽃을 선물할 테니까
하나의 답이면서 모두의 답을 찾는

이번 주검의 답은
빛을 너무 쏘여서라고 말해주면 좋겠어

또 다른 주검을 출시할 예정이야,

실종에 대하여

사라지는 것들이 도착하는 곳이 분명 있다
수북해진 그곳은 하나의 세계다
불리지 않아서 잃어버린 이름들을 기다린다
이름이 꼭 없어도 좋다고 생각해
이 세상은 당연히 외로울 거야
잃어버린 것들을 버려진 것들이라고 할 때
버려진 것들끼리의 유대에서 악마가 태어난다
닳아져도 사라져도 모르는 것들
악마는 향긋하고 달달한 옷자락이야
스치기만 해도 당장 걱정이 사라지지
가장 맛있는 음식을 먹을 때마다,
새 옷을 입을 때마다,
가장 아름다운 곳을 여행할 때,
갓 태어난 아이의 눈동자를 바라볼 때,
꼭 쥐고 있어라
손가락 끝이 찌릿하거나
등이 싸해지거나

목덜미가 뻐근해지거나
어깨가 무거워지거나
무릎이 휘청대거나
팔다리가 묵직해진다거나
아예 흘러 버릴 것만 같아
바닥이 될 것 같다면
내 몸의 바깥에서
사라졌던 사람들이 돌아오겠다고
이 세계의 바깥에서
문을 두드리고 있는 거라고 생각해 둬

늙은 시인이 있었는데,

가늘고 어두운 골목 아직 죽지 않은 백열등 불빛 같은 사람을 시인이라고 불렀다 여자아이의 손이 닿을 때마다 앵무새의 말을 통역하고 어린 손아귀에 시를 선물하고 눈물을 흘리는 시인을 알고 있다

그와 이웃은 시간대마다 달라지고 수많은 철학자의 언어를 잘 먹었을 때는 입술이 붉게 변했고 말이 많아졌다 철없는 어른들은 그의 곁에서 튕겨 나오는 철학자들을 받아 적고 언어의 층위에 따라 달리 발음되는 어린아이들의 말들도 함께 받아 적었다 표현과 이해가 알 수 없을 때에도 웃으면서 받아 적었는데 누구도 그것을 보자고 말하지는 않았다

시인은 어린 손의 맛을 시로 연주했는데, 그냥 모르는 사람에게 내어주는 인사 같은 것이라고 하면서 닳아져서 표피가 얇아진 그의 손이 어떻게 재생되어 말랑말랑해지는지에 대해 매일 노래했다

시인을 존경하는 사람들은 대부분 시인이 되지 못해 자기 말을 잃어가며 시인의 말을 하게 되었는데, 그때마다 한 손에는 어린아이들의 손을 데리고 왔다

귀가 발개졌다 빨개졌다 파래졌다 사라진다 생삭할 스음에
아이들은 딱딱해지고 시인의 연주에서 물이 흘렀는데,

언니는 맛있어

저 혼자 열리는 문이 있습니다

앞집 언니가 손을 내밉니다

나랑 영화 보러 갈래
맛있는 거 사줄게

허락을 받을 수 없는 일은 무겁습니다

영화는 언제 끝나는 걸까요,
집에는 빨리 올 수 있을까요

영화관은 어둡고 언니 손은 아픕니다
자꾸만 바깥으로 고개가 돌아갑니다

이제 끝났어, 가자
뭐 먹을래

집은 아직 멀리 있습니다
눈이 소복해집니다

우리는 밝아집니다

불온한 시인을 조금 떼다 심은 나무의 말

그래서 그들은 지네처럼 아름답습니다*

소녀는 하얀 가운을 입고 푸른 마스크를 하고 고양이의 목을 조를 것이다 그렇지 벨라 타르의 소녀,

밤만 살아온 숲과 비 먹는 옷들과 춤들과 음악과 거짓말과 거짓을 양분으로 자란 나무와 어두운 길과 지루한 등과 소녀의 다리와 슬픔과 뒷모습들

끝나지 않을 걷기와 이웃의 속임수와 자신의 속임수와 쥐약을 먹고 죽은 고양이와 쥐약을 먹고 누운 소녀와 아직 뼈가 드러나지 않은 저녁 빗줄기와 아무도 추지 않는 탱고

온통 검다 완전한 검다를 위해 조여 오는 밤의 집합체도 늘 완벽하지 않다 그 아슴찮음에 아름다운 밤이 매일 분배되는 것이다

바짝 말라 죽은 고양이의 털을 만져보는 것들은 모두 비가 될 거래

우리는 아무것도 만지지 않았다고 이미 소문을 냈어,

* 이승원의 시 「감성적 녹재」에서 얻음.

언니

우린 한 번은 겹쳤다가 사라질 거야

스키드 로우, 이종환 아저씨, 김광한 아저씨, 노벰버 레인, 딥 퍼플, 밥 딜런, 강인원, 만날 때마다 한 번도 같지 않은 첫사랑들, 어쩌다 늙어버린 다이어리, 속의 날들이 찢겨진 이유, 잉크물이 번진 자리, 찢겨나간 우표와 두 줄 그어진 주소들, 익명의 고백과 부치지 않은 편지들과 쓰이지 않은 기념우표들과 소용없는 외국 지폐들과 우리의 늘어난 테이프들, 최초로 엄마 없이 갔던 미장원과 긴 밤샘 통화와 상대방의 신원과 잠들지 못했던 밤들과 잘못 걸려온 전화와

언니, 우린 딱 한 번만 겹쳤다가 스칠 거야

심장의 색이 자꾸만 왜 변하는지, 손목과 목의 상처가 왜 침묵했는지, 한 번씩 볼 수 없을 때마다 다른 생을 짜고 있었다는 걸, 우린 더 독해졌을 거야 함께 나눠 먹던 것들은 충분히 혼자 먹을 수 있었으니까

언니, 언니, 언니, 자꾸만 멀어지는 언니를 한 번은 잡을 수 있을까

우리 어디서 벌어진 걸까,

개 놀다

바바리코트를 입은 채로 비를 맞는 남자가 담배를 피운다 담배는 젖지 않을까 저 불은 언제쯤 꺼질까 빨아당기지 않는 담배는 빨리 꺼질 텐데 담배에 집중할 때 개들이 우르르 지나간다 비를 맞은 개들의 냄새를 알고 있다 오래된 동네에 오래된 사람들이 박혀 사는 곳에 축사 오직 개들의 천국이지만 개들의 지옥인 그곳에 가끔 늙수그레한 남자가 왔다 갔다 한다 개들이 활개를 치고 개들이 마을로 퍼뜨리는 소리와 냄새 그 냄새가 오래 남아 있다 무엇을 기다리나요, 남자에게 물어보고 싶었으나 느린 음악이 들려왔다 단순히 슬프다고만 할 수 없는 음악에 여자의 감정이 몰려 있고 눈동자는 그 누구와도 마주치지 않아서 불통의 시간이 빗속에 있다 사랑은 비를 피해 가는 만큼의 에너지가 필요할지도 몰라요, 남자는 무엇을 엿보고 있었는지 건물과의 거리는 좁혀지지 않고 개들만 심심찮게 왔다 갔다 아까 그 개들일까, 개들은 잠시 몰려와 흐르는 빗물에 혓바닥을 대고 코를 박고 둥그렇게 서 있다 음악이 커지고 개들이 흩어지고 불빛이 희미한 곳은 더욱 어두워지고 마침내 남자도

나도 개처럼 등을 굽히고 빗물에 혀를 대고 코를 박고 꼬꾸라질 때까지 목이 길어진다 검은 개들이 사라질 때다

개들이 짖는 일을 잃어버릴 때가 있을까요,

슈팅 비비탄

갈겨버릴 거야, 갈아버리겠어

아무 말 없이 플라스틱 총을 만지작거리며 빈 총구를 자기 눈에 갖다 대고 빈 샷을 날리는,

총알을 좀 줄까, 아니 그냥

빈 총구 검은 총구에 침을 바르며 구멍을 향해 침을 뱉으면서 검은 플라스틱 총을 껴안고 자는

여기 비비탄은 꼭 갈치 눈깔 같아요 봐요 만져보세요 손가락에서 미끄러진다니까요

와, 신기하다 몇 마리나 죽어야 이만큼의 비비탄이 생길까요,

소년은 꿈꾸며 난사를 한다

입술이 부르르 떨리고 두 다리는 누워서 매트릭스를 치고 그 진동에 덜썩거려도 수면 상태를 유지한다

총은 잠을 잘 수가 없다

이제 그만 하고 자자, 총을 순순히 내놓지 않고 소년은 잠에서 깨지 않고, 하는 수없이 총을 두 다리에 끼운 채 이

불을 덮어준다

침이 흐르고 소년의 이마는 땀으로 범벅이고 잠꼬대를 하면서 이맛살을 찡그렸다가 침을 닦았다가 음흉한 미소까지

아이는 누구를 그렇게 쏴댄 것일까요,

땅따먹기

그들은 내 땅에서 일어난 일에 대해 다른 땅의 사람에게
물었다
내가 잘 아는 목격자라고 아무리 말해도 나를 밀쳐내고
다른 땅의 사람에게 물었다

"땅따먹기를 할 때마다 제 땅에 흙을 몽땅 가져와 놓고도 성이 차지 않아서 손톱이 부러지는 줄도 모르고 땅을 파 모은 아이를 보았습니다. 땅의 소용가치를 몰랐던 때부터 자기 앞으로 무엇인가를 쓸어모으는 그 손을 누구든 잡아주었겠지만, 그 손의 소용가치 또한 잡아주는 이가 있었겠지만, 그 손의 움직임 또한 자기의 일이라서 결국 제 손을 묶고 잘라내고 소멸케 하는 게 아닐까요."

제 4 부

고양이는 숭숭

장미 꽃잎을 타고 달리는 고양이를 보았어

눈을 감지 못하겠어 불을 껐어 쉽게 잠들 수 없어 기나긴 밤은 뱀 아기가 울어 아기가 우는데 왜 달래지 않지 주위는 고요해 아기만 울어 아득한 울음을

떨어진 고양이는 매일 그럴 거야 청각으로 쏠릴 거야 밤은 닮은 것끼리 붙여놓지 장미향을 따먹으려고 고양이가 담을 넘겠어 아니면 몸의 어디에 장미향을 새기기 위해 날카로운 장미 가시를 참아내는 건 아닐까

달이 뜨든 뜨지 않든 무슨 상관이야

베란다의 주소를 묻자, 힐끗

밀폐된 공기의 냄새를 사랑해,

창밖을 응시하는 페르시안 오드아이
폐가 터질 것 같아
헬륨가스를 잘 부는 소년은 어디로 갔어

오늘은 언제나 나가고 싶지 않아
새들은 왜 가까이 오지 않을까
아쉽지 않아서야
아쉽다는 게 초조해하며 새를 부르는 거라는 걸
같은 높이에서 바라보려고 높이 올라온 것
아쉬워서야
같은 높이에서 바라볼 수 있다는 것은 무엇을 말하는 거야
그것은 곧 날개가 생길 거라는 거야
사람의 언어를 버리고 새의 언어를 배우겠다는 거야
땅의 세상에서 하늘의 세상으로 번지겠다는 거야

날아봐, 돌아올 곳을 마련해놓거나 메시지를 남기지 마

새들을 봐, 저기서도 일정한 메시지를 띄우고 있어
아쉬움은 반복을 낳고 반복은 노래를 부르지
노래가 그리움의 깊이를 재면 눈물이 그리움을 자라게 하지
갑자기 눈이 어두워졌거나, 갑자기 눈이 밝아졌거나 할 때
아쉬움은 쉽게 찾을 수 있는 게 아니란 걸 알아줘

저기서 뭐라고 정확히 말할 수 있겠어
메시지는 떨리면서 변질되지
가보면 알 것 같아라고 반복하지 마

우린 가보면 아는 것들에 매번 속아
가보면 꼭 그만큼 이상으로 멀어져 버리면서 그것들은 증오의
대상도 아니면서 묘한 쾌감과 나른한 증오를 선물하지

즐겨, 눈

알을 굴리며 바로 여기서

이름이 뭐더라

등을 지고 모로 누운 말 없는 수캐의 꼬리
말을 쉴 새 없이 하면서도 고개를 숙이고 있는 암캐의 침묵

홀로 찌그러져 모서리에 박혀 있는
식축성 있는 저 개들의 눈 깜빡임

집은 지어본 적 없어
길에서 자는 맛이 좋아
축축하게 나른하게 눈을 감았다 떴다를 아주 느리게 반복해
배 안으로 볕이 충분히 스며 라고 물을 때
배를 더 웅크리고 체위를 바꾼다

등이 푸르스름할 때마다 이름을 불러줄게
늙지 않는 이름을 불러줄게

그냥 눈물이 나더라도 소리는 내지 마

말풀 씹던 시간

헬리콥터가 등 뒤로 내려 우린 몰랐다
퉁퉁한 날개가 내려앉은 민둥산
말이 있었을까
아이들은 산을 빙빙 돌았다
어른들은 없고 가끔 내리는 헬리콥터에도 흥미를 잃은 우리는
방금 오줌을 누고 코를 풀었던 땅에서
말풀을 뽑아 씹었다
헬리콥터가 내렸다는데 우린 본 적이 없어
하얀 뿌리에서 적당히 흙을 털어 바지에 문지르는 절차는
누구도 더럽다고 말하지 않았다

말풀은 단물이 입안에서 오래 남았다
단물이 빠져도 뱉지 않았다
어두워지기 전에 내려가는 아이들은 없었다
우리들은 말보다 더 큰 소리로 웃었다
딱히 웃긴 일도 없이 크고 넓고 높게 허리를 깊이 숙이거

나 등을 길게 늘이거나 팔짝팔짝 뛰면서
누가 시킨 것도 아닌데, 누가 보고 있는 것도 아닌데

어느 순간 얼굴이 눈물범벅이 되었다
그때 누군가 말한다

가자!

저수지

정체를 알고 있다
허물어지는 일이 대수롭지 않다는 것을

매일 저녁에야 알게 되었다
깊어질수록 배앓이는 계속되었고
순간이 삼켜질 때마다
밖으로 토해지는 소리가
산을 울리고 마을을 들썩였다
해가 뜨기 전에 일은 마무리되어야 한다
어둠의 먹이로 별과 달이 제외된 것을
허락하지 않았다

아침은 정직했다
어제는 사라진 마을이 볕을 쪼이기 위해
물의 살을 찢고 흐물흐물 하늘을 올라탔다
단서는 오늘의 물안개라고 입소문이 났지만

사방은 검었다
잠이라고 했다

비명은 소녀들의 것
허우적거림은 소년들의 것
엉성한 것들이 대접받는 시간엔 별똥별이 내려와
어린것들이 최고의 맛이라고 자랑하곤 했다

밤바람과 어린것들을 비벼 먹으면
맘껏 날아다닐 수 있어

얘야, 물안개를 태워주랴
아니오 여기가 좋아요
어린것들은 더 자라지 않기를 기도하며
더 이상 물안개를 타지 않았다

늘 담아내기에 바쁘고 그 흔적은 누구도 몰라야 했다

물의 시간은 더디 간다

밤실 엘레지

약속하지 않아도 오후엔 서성거렸다 우리는 할 일이 없었고 누구도 먼저 과자를 사주기 어려웠고 과자는 어쩌다 마주하는 횡재였다

입구는 사다리꼴 모양으로 누군가 문을 만들어두었는데, 마을에서 놀다 거기만 다다르면 아이들은 엄숙해졌다 마치 그 문을 통과하기라도 하면 집으로 돌아올 수 없을 것만 같았다.

어른들은 기웃거리는 아이들을 볼 때마다 호통을 쳤다.

경계에 머뭇거리던 아이들은 일정 수가 모여야 움직였는데 언제나 망설이다가 어두워져서 집으로 돌아갔다 누구도 먼저 밤을 통과하자는 말은 하지 않았다 치마를 입었고 무릎이 다 보였는데 혹시라도 숲에 들어갔다가 나올 때 많이 어두워지면 낭패라고 생각했다 우리 중 그런 배려를 할 줄 아는 남자아이가 있어서 우린 그냥 따랐다

허름한 웃옷이 구멍이 나 있고, 바지는 때가 많이 묻어 있었고, 허리띠도 없이 신발은 밑창에 구멍이 나 있어서 매번 발을 털었다

우리는 줄지어 마을을 쏘다니다가 언제나 마지막은 숲 입구에 다다랐다

한번 들어가 보자, 어두워지면 우리 모두 손을 잡고 뛰면 돼, 절대 앞만 보고 뛰다 보면 빠져나올 수 있어, 나뭇가지에 걸려서 옷이 찢어지거나 상처가 나도 우린 우리니까 무서우면 노래를 부르면 돼, 아카시아 꽃을 코에 대고 향기를 맡으면 덜 아플지도 몰라,

동요는 절대 부르지 않겠다던 소년들이 죽은 자를 밟고 고함을 지르는 것이 노래라고 우겼다

밤실 입구는 좁았고 왼쪽으로 난 길만 산으로 향했는데

누구도 알고 그 방향을 선택한 것은 아니었다 밤이 되면 산에서 내려온 짐승들의 이름이 궁금했고 저녁이 되면 그 방향 어디까지 달려가 짐승의 울음소리를 내보았다 혹시나 나만 보고 있는 건 아닐까 마주치면 알 것만 같아 상수리나무 잎이 머리 위로 떨어지면 놀라 뒤로 지빠졌다

비밀의 내부는 밝았지만 길지 않았고 한 번도 제대로 놀다 왔다고 말할 수 없는

힘없는 비밀이 있고 언젠가 시간들이 팽창되면 터질 순간이 있을 거라고,

숨바꼭질

—네가 졌다
—나도 졌다
—에이, 잘 숨지
—에이, 잘 숨을 걸

play가 뭡니까 잘 논다는 거 아닙니까 잘 숨고 잘 못 찾아내서 시간을 돌고 돌아 play의 진수를 보여준다는 거 아닙니까 play가 진정 play할 때 숨고 찾아내는 일이 버거울수록 흥미진진하죠 잘 숨으세요 잘 찾아내세요 아니요 잘 못 숨어야죠 잘 숨을수록 잘 찾을 테니 골목 끝에서 우주 끝 이름도 없는 경계에서 도대체 play가 뭡니까 play가 말입니다

그대와 나는 우주와 우주 속에서 아니 공이라 일컬어지는 곳에서 빙빙 돌아가며 숨바꼭질을 하고 있습니다 만다라 그래요 만다라 속에는 겁 없는 나를 만나야 하는 나가 우글거리죠 잘 숨지도 못하면서 으스대며 머리카락을 보이고 마는

나를 보았습니까

돌아갑니다 바람이 치고 가고 풀잎이 베고 가고

나는 이미 흘러가버린 겁니다

대가 보았다 여기는 나는 그저 한 마리 물고기

꼬리잡기 놀이

—애들이 m을 욕하던데요

—왜?

—어제 꼬리잡기 놀이를 했는데요, m이 꼬리를 하나도 내놓지 않았어요

—꼬리를 내놓지 않으면 어떻게 꼬리를 잡아?

—그러니까요

—꼬리는 내놨어요

—혹시 짧은 옷을 입은 건 아니고?

—아니에요! 긴 옷을 입었어요.

—근데 왜 꼬리를 내놓지 않았어?

—우리 반 애들 다 그랬어요

두 소년은 콩주머니에서 콩이 터져 나오도록 던지기 놀이를 했다

누가 술래가 되었어도 던지고 터지고 다시 던지고 터져서 다시 못 던질 때 소년들의 이마에 땀이 흘렀다

놀이가 끊겨 돌아가는 소년들이 키 낮은 꽃들을 때리며 걸었다
꽃머리가 떨어지고 짓이겨지고 꺾여 굴렀다

—괜찮아요, 나는

공의 환대

1

나는 한 마리 고양이다, 싱싱한 공을 좋아하는

2

지구는 먹거리로 충분하다고 생각하고 떠나왔다
놀고 싶은 생각에
두 손으로 지구를 흔들어보았다

내 마음은 갑자기 허덕이고
손발이 어디부터, 무엇부터, 누구부터 건드려야할 지 몰라
정작 희롱당하는 것은 공만 안고 있는 나일 뿐
배부를 것으로 가득한 음식을 안고 있으나
악취와 훼손으로
먹지도 손대지도 못하고 갖고 놀지도 못하는

버리고 떠날까 지켜나 볼까
그 사이 지구를 몇 바퀴나 돌았으나

보이는 것들은 쓰레기 봉지에 담아야 할 것들뿐
재활용의 가치로 남을 것들은
모두들 떠날 채비를 서두르고 있었다

간혹 하늘을 우러르는 이들의 목소리가
비나 천둥, 번개를 불렀지만
그 어느 것에도 아랑곳없이
지구의 둘레는 피난 행렬로 줄을 섰다
그들은 함께 살기 위해 함께 죽을 길을 가고 있었다

가끔 위대한 철학자인 듯해서
머리를 조아리거나 몸을 바치거나 기도를 바쳤고
가끔 자신들이 위대한 철학자가 되어
지구가 자기라고 우겨댔다

미천한 자들은
두 눈을 부릅뜬 채로

귀도 멀고 입도 닫혔다

3

큰 소가 필요해서, 내 하느님이 필요해서, 예쁜 여자가 필요해서, 높은 지위가 필요해서, 석유가 필요해서, 살기 좋은 땅이 필요해서, 총이 필요해서, 필요해서, 필요해서, 필요해서 싱싱한 것들은 부패의 시간을 거쳐 죽음의 시간을 갖게 되었다

죽음은 생성을 위한 시작임에도 죽지 않은 죽음은 영생불멸의 창고에 갇혀 생명을 잉태하지 못하고 있다

언제부턴가 나는 벙어리에 귀머거리가 되었고
한 발짝도 내 의지로 나아가지 못하고

신념도 모방된다는 것을 지구에서 알았다
먹을 것이 넘쳐나는 밥상에서 나는 숟가락을 들 수 없다

4

잠시 묵상하는 법을 배웠다

그때 보았다
제 살점을 뜯어먹고도 모자라 뼈를 씹어 먹고 있는 나를
피가 철철 흘러넘치도록 그것이 붉은 사해를 만들어도
붉은 포도주라 우기며 한 잔 또 한 잔 삼키는 나를

허기는 폭력을 재생산하고 지구를 갉아먹고 있었다

5

천국은 없다

과학은 마법사가 되었다
영혼은 허물을 벗고 우주 안을 방황하는
지구를 갉아먹고자 하는 한 마리 고양이에 불과하다

사실 나는 잠시 우주의 한 곳에 머무르며
요리조리 살펴보고 있을 뿐이다
이렇게 맛없는 지구에
이 좁은 공 안에 부풀려 있는 것들을 생명이라 말할 수 있다면
이 생명들은 서로를 생명으로 여기고 있을까

나는 살아 있는 것들만 먹는 한 마리 고양이일 뿐인데

6
오늘 밥상 위로 상차림을 다시 한다

나무 한 그루와
씨앗 하나
그것을 키우고 먹고 배설하여
또다시
나무 한 그루와

씨앗 하나
그것을 키우고 먹고 배설하여

초경을 경험하지 않은 여자아이가
몽정을 경험하지 않은 남자아이와
자연 그 자체로 성장하여
기다릴 줄 아는 지혜를 반찬 삼아

숟가락 하나로
배부를 수 있는

아트케이지 2

1

이곳에 오신 내빈 여러분 감사합니다

지금부터 인간들이 조화롭게 사는 모습을 보시면서 더불어 사는 동물 세상은 어떤 대안을 마련해야 할지에 대해 고심해보는 시간을 갖도록 하겠습니다

특별히 이구아나 두 분이 나와 먹이를 넣어주시겠습니다

먹이를 받는 모습과 그것을 어떻게 나눠 먹는지에 대해서도 꼼꼼한 관찰 부탁드리겠습니다

편의상 아트케이지에는 열 명의 인간을 살도록 조치했습니다

많은 인간들이 줄을 섰지만 현재 열 명이 쾌적한 상태를 유지할 수 있다고 보고된 바 있습니다

원래 인간들은 맨살이었다고 합니다만

그동안 추위와 더위에 적응하기 위해 나뭇잎이나 넝쿨, 우리들의 살갗을 이용했다고 알려져 있습니다

너무 가까이 가지 않은 상태에서

긴밀히 맨살 이외의 것에서도 눈여겨 봐주시기 바랍니다

눈을 부라리거나 심한 입놀림이 있을 수 있으니 귀를 조심하시기 바랍니다

특히, 열 손가락과 열 발가락, 커다란 머리와 거기에 담긴 눈, 코, 입, 귀를 주목해주십시오

바로 거기에 오늘 여러분들이 견학 온 이유가 존재할 것입니다

특허받은 청정 시스템으로 멸종 위기에 놓인 인간들의 세상을 어떻게 복제하고 주문 생산했는지에 대해 더욱 고심해주시기를 바라는 바입니다

2

아트케이지에는 대통령, 교육부 장관, 국방부 장관, 통일부 장관, 국회의원, 한반도아이협회 회장, 한반도노인협회 회장, 한반도노숙자협회 부회장, 한반도줄서기협회 회장, 한반도어중이떠중이학회 회장 들이 우선석으로 분양되어졌다

"어이! 어이 거기! 줄 서!…… 까마득하네……."

미처 분양되지 못한 인간들은 재빠르게 생산되고 있는 아트케이지에 대기자 명단을 올려놓거나 출입문에 자신들의 이름을 붙여놓고 있었다

3

멸종 위기에 놓인 머리, 눈, 코, 입, 귀는 자체 분열 상태에 들어갔고, 전자동시스템으로 인간의 냄새는 늦어도 30분 이내에 말끔하게 청소되어졌다

제아무리 많은 수를 분양하여도 필사적으로 생존하는 이유를 알 것도, 모를 것도 같은 상태였다

우주가 우주를 감시하고 운행하는 모든 것들을 보는 듯 보지 않으며 흘러오는 것이었다 구름으로

시시각각 모양을 바꾸면서 하늘 아래 미세한 것들까지도 황홀한 감옥행을 마다할 수 없었다

태초로 돌아가는 길은 생각보다 멀지 않다는 듯 여러 구멍들이 입을 벌리고 있었다.

업비넡

0

어머니의 창으로 시간이 올라앉네

어머니의 할머니의 시어머니 목소리가 앉으시네

해묵은 노오란 뱀 귀를 쫑긋 세워 앉네

수수떡 하나 받아들고 입에 무는 어린 여자 무릎을 꿇네

1

업 들어오시네

업 들어오시네

우리 살림 어절 씨고

업 들어오시네

업비널을 짓네

소중한 임모시네

막석꾼 살림 오시네

싯누린 귀 활짝 여시네

아득하여라 하얀 날의 이야기
빛바래도 백 년은 훌쩍 넘어왔다네
어머니들 무릎에서 귀 후비며 들었네
기와가 들썩이고 달빛이 부서지면 푸른 빛 쏟아졌네

주인도 머슴도 배부르면 제 세상이었네
들어도 들어도 닳아지지 않는 이야기였네
이야기에 모셔진 싯누런 귀 받드네

2

대숲아 여길 보아
어른의 몸을 넘어선 안 돼
솔바람아 훌떡 잘도 넘었고나
목침을 벤 모시 어른아
봉숭아물 들이자
채송화 자라봤자 장독 둘레고나

돌부리에 넘어진 소녀야
무릎을 내놓아라
쫑긋 귀를 세운 싯누런 배암
눈꺼풀을 달싹이네

이리로 와 벌레 먹은 복숭아를 먹어보아
수박 넝쿨에 감기어 한잠 자는 거
큰 집을 들었다 놨다 울어 대지 마
매미들의 소행이 훨씬 더 괘씸해

뒤란에서 댓잎들이 몰려와 둘러섰네
늙은 손가락이 어린 손가락을 싸 안네
해의 기척은 달에게로 넘어가
머슴들은 어디 숨었나
며느리들은 어디 있나

할머니의 치맛자락으로 따라붙는 업아

나비잠을 자자고나

3

징소리 장구 소리 요란하다
벼슬하던 할아버지 누워 있네
비손들아 저리 가라 업비널 무너진다
비손들아 저리 가라 생사람도 죽어간다

집 마루를 달려가는 무녀여
고개를 들지 말라

며느리를 따라 왔어
며느리 업이 따라 왔어
웅성웅성 눈들이 마루에 몰렸고나

잘 죽을 거다
잘 죽을 거다

죽음 복이 열렸고나

비손하던 어머니의 할머니의 시어머니야
마루 밑을 보아라
귀 붙은 싯누런 배암 한 마리인 듯 여러 마리인 듯
결가부좌 떠억 하니

놀라지 말라
너는 나의 업이라네
나는 너의 업이라네
이생을 함께 하니

할아버지 돌아가고 할머니 업비넡을 지었고나
논도 많고 집도 크고 굿을 치고 살았고나

사람이 쟁기 끌고 논을 갈던 그 시절에
배암이란 뱀은 거기 다 살았고나

0

엽비널이 텅 비었네
엽들이 죽어 나가네
만석 살림 기울어 가고
엽비널은 무너졌네

사람이 나가니 엽도 나간다네
싯누런 귀 축 늘어져
없는 눈에 눈물이라

엽비널은 무너졌네
사람아 사람아
병에 배불리 멕이지 말고
가난에게 배불리 멕이라네

엽비널이 사라졌다네

업비널이 사라졌다네

물고기의 눈으로 본 환상

이경수 평론가

1.

옆으로 쭉 찢어진 가느다란 눈에 분홍빛 얼굴과 더 붉은 뺨을 하고 있는 소녀를 그린 김명신 화가의 그림을 본 적이 있다. 소녀의 몸통은 동그랗고 네모나고 깃털처럼 길쭉한 추상적인 패턴들이 비슷한 모양으로 알록달록 반복된다는 점에서 프렉탈을 연상시키기도 한다. 밑그림을 그리지 않고 바로 채색하는 알라 프리마 기법을 사용해 그린다는 김명신의 그림은 그래서 그런지 낯설고 기이하고 화사하고 자유롭다. 그림에서 드러나는 이러한 특징들은 김명신의 시로도 이어진다. 다른 감각으로 느끼는 김명신의 시적 주체는 다른 시간과 공간을 열어 준다. 180도를 본다는 물고기의 눈을 지닌 김명신의 시적 주체는 일상적인 감각으로는 포착되지 않는 세계를 감지하고 개성 있게 그려낸다.

스스로 신비주의자이자 직관주의자라고 말하는 김명신은 자신의 그림에 대해 그냥 그릴 곳을 쳐다보면 뭔가 형체가 보인다고 고백한 바

있는데 이렇게 다소 즉흥적이고 직관적인 김명신의 그림이 지닌 특징은 계산하지 않고 직관적으로 쓴다는 점에서 시작의 특징으로도 이어진다. 그녀의 표현을 빌리면 시와 그림은 이음동의어인 셈이다. 때로는 선과 색으로, 때로는 언어로 그녀가 만난 낯선 세계가 펼쳐진다. 시적 주체의 경험과 상상이 만나 부딪힘으로써 낯선 감각이 튀어나오고 기이한 세계가 구축된다. 김명신의 시는 새로운데 시의 일반적인 문법을 따르지 않는다는 점에서 특히 그렇다. 직관적으로 튀어나오는 그녀의 언어들은 동화와 환상과 현실을 가로지르며 특유의 매력을 빚어낸다.

2.

김명신의 시적 주체는 앓고 있다. 병명은 드러나 있지 않지만, 김명신의 시적 주체는 분홍 알약을 먹으며 잠들곤 했고 방 안은 분홍 약 냄새로 가득하곤 했다. 분홍빛은 현실의 빛깔이라기보다는 환각을 표상하는 빛깔로 느껴지는데 김명신의 시에서는 아픈 시적 주체가 사로잡혀 있는 환각을 표상한 것으로도 볼 수 있다.

기억이 슬레이트 지붕 같아

분홍 알약
혀끝에 닿을 때

한 마리 쥐새끼

빨아먹지도 깨 먹지도 않았는데
잠이 들었지

우린 너무 딱딱한 귀를 가졌어

검은 짐승의 눈빛과 마주쳤을 때

—「다락방」 전문

슬레이트 지붕은 돌처럼 딱딱한 재질에 물결무늬 굴곡이 있는 지붕으로 새마을운동의 일환으로 지붕 개량사업을 하던 시절 전국적으로 설치되었다가 최근에 발암물질을 함유하고 있는 석면으로 이루어졌다는 사실이 알려지면서 대대적으로 철거되었다. 기억이 슬레이트 지붕 같다는 말은 물결무늬 굴곡이 있는 슬레이트 지붕처럼 기억이 주관적인 굴곡을 가지고 있다는 의미로 읽히기도 하고 일제히 철거되는 지붕처럼 시간이 흐르면서 잊힌다는 의미로 읽히기도 한다. 분홍 알약 혀끝에 닿을 때 시적 주체는 잠이 들고 꿈속에선 듯 환각 속에선 듯 "한 마리 쥐새끼"를 본다. "검은 짐승의 눈빛"과 실제로 마주쳤을 수도 있고 다락방에서 듣거나 연상되는 쥐 소리에서 검은 짐승의 눈빛이라는 환각을 본 것일 수도 있겠다. 다락방은 아픈 시적 주체가 환각을 보거나 꿈을 꾸는 장소로 자신의 무의식과 대면하는 장소이자 무의식 자체를 표상하는 공간이다. 좁고 폐쇄적인 다락방이라는 공간에서 시적 주체는 자신의 무의식과 대면하고 공포를 느낀다. 과거의 환각이 오가는 다락방은 시인의 무의식이 구조화된 공간으로 김명신 시의 원천이 된다.

0

잘 가, 거짓말같이

하루에 눈이 다 내렸다
문고리 너머 동화 세상이었다

1

문고리가 떨고
죽창에 갇힌 고구마들이 떨어지고
어른을 부르는 울음에 소도 따라 울고
탈출을 도모하는 토끼가 창살을 긁어대고
지푸라기를 이기고 땅으로 추락하는 고드름

눈은 푹푹

잠에서 깨어난 소녀는
죽창 사이로 손을 넣어본다
물컹한 물

손등을 때리는 손이 아랫목으로 끈다

눈이 타들어 간다
방이 불타고
쪽창으로 눈이 내리고

처마가 떨어지고
문고리가 마당으로 나가고
바람눈이 방으로 침입하고

화로가 뒤집어지고
문짝이 비명과 나뒹굴고
눈이 긴 오후를 켜켜이 덮어주었다

분홍 약 냄새
방의 일은 방에서 회복되었다

오동나무에 거꾸로 매달린 외삼촌은
아직도 눈을 맞으며 마루에 걸려 있다

잘 가, 오래전 내 엉덩이

거짓말같이, 눈이 와

—「겨울잠」 전문

문을 열면 다른 세상이 펼쳐지는 일은 김명신의 시적 주체에게 종종 일어난다. "거짓말같이" 눈이 내려온 세상을 뒤덮는 모습은 그 자체로 새로운 환상을 불러일으킨다. "하루에 눈이 다 내"리는 모습은 마치 약을 먹고 잠 속으로 몽롱하게 빠져드는 모습을 연상시킨다. 아픈 시적 주체가 환각 속으로 나른하게 빠져드는 모습을 소리 없이 내리며 쑥쑥

쌓이는 눈의 이미지가 더없이 잘 보여준다. 하얗게 뒤덮인 세계 속에서 겨울잠을 자듯 환상 같기도 하고 꿈 같기도 한 세계가 열린다. "문고리 너머"는 동화 속 세상인 셈이다. 문을 열고 나가면 새로운 낯선 세계가 열린다. 그곳에선 "문고리가 떨고/죽창에 갇힌 고구마들이 떨어지고" "탈출을 도모하는 토끼가 창살을 긁어대고" 고드름은 땅으로 떨어진다. 탈출을 꿈꾸는 역동적인 이미지들이 고요히 눈 내리는 세계와는 다른 빛깔의 세계를 구축한다. 놓여 있는 세계로부터 벗어나 달아나고 싶어 하는 시적 주체의 무의식이 투영된 세계일 것이다. 푹푹 내리는 눈과 겨울잠이 깊은 고요와 정적인 이미지를 형성한다면, 잠에서 깨어난 소녀가 마주한, "눈이 타 들어"가고 "방이 불타고" "처마가 떨어지고/문고리가 마당으로 나가고" "화로가 뒤집어지고/문짝이 비명과 나뒹"구는 세계는 달아나고 뒤집히고 떨어지고 하는 움직임과 소리들로 가득하다. 그런데 이 요란한 세계를 고요히 내리는 눈이 덮고 있다. 요란한 움직임에도 이 시에서 고요한 침묵이 느껴지는 것은 푹푹 쌓이는 눈이 형성하는 이미지 때문이다. 하염없이 내리는 눈과 나른한 겨울잠이 신비롭고 몽상적인 분위기를 형성하고 이 시 전체를 지배한다. 그러므로 현실과 환상은 이 시에서 끊임없이 뒤섞인다. "오동나무에 거꾸로 매달린 외삼촌"의 모습도 기억인지 환각인지 분명치 않다. 분홍 약 냄새와 거짓말 같이 내리는 눈이 현실과 환상을 뒤덮고 뒤섞는다. 돌발적이고 돌출적인 이미지들이 시적 주체가 직관적으로 파악한 세계를 드러내 준다.

문고리와 쪽창이 다른 세계로 나가는 통로인 것처럼 김명신의 시에는 다른 세계로 향하는 통로나 창, 우편함 같은 이미지가 종종 출현한다. "우편함에 세금 고지서가 수북하다/그늘이 지고 검은 고양이가 손을 자꾸 넣었다"(「오후 4시 44분」) 빼는 동작 또한 다른 세계로 통하는 통로를 가리킨다고 볼 수 있다. 오후 4시 44분이라는 찰나의 두려움이 싹트는 시간은 다른 세계로 향하는 통로가 잠시 열리는 시간이라고 볼 수도 있을 것이다.

사라지는 것들이 도착하는 곳이 분명 있다
수북해진 그곳은 하나의 세계다
불리지 않아서 잃어버린 이름들을 기다린다
이름이 꼭 없어도 좋다고 생각해
이 세상은 당연히 외로울 거야
잃어버린 것들을 버려진 것들이라고 할 때
버려진 것들끼리의 유대에서 악마가 태어난다
닳아져도 사라져도 모르는 것들
악마는 향긋하고 달달한 옷자락이야
스치기만 해도 당장 걱정이 사라지지
가장 맛있는 음식을 먹을 때마다,
새 옷을 입을 때마다,
가장 아름다운 곳을 여행할 때,
갓 태어난 아이의 눈동자를 바라볼 때,
꼭 쥐고 있어라
손가락 끝이 찌릿하거나
등이 서해지거나
뒷덜미가 뻐근해지거나
어깨가 무거워지거나

무릎이 휘청대거나
팔다리가 묵직해진다거나
아예 흘러 버릴 것만 같아
바닥이 될 것 같다면
내 몸의 바깥에서
사라졌던 사람들이 돌아오겠다고
이 세계의 바깥에서
문을 두드리고 있는 거라고 생각해 둬

—「실종에 대하여」 전문

갑자기 흔적 없이 사라지는 일을 우리는 실종이라고 부른다. 감쪽같이 사라지는 일에 대한 상상은 다른 세계에 대한 상상을 열어준다. 다른 세계로 통하는 문이 있다면 그 문을 통해 다른 세계로 나가거나 빨려드는 일을 이곳에선 실종이라고 부를 수 있을 것이다. "사라지는 것들이 도착하는 곳이 분명히 있"을 거라는 시적 주체의 발화는 다른 세계에 대한 상상에서 비롯된다. 이곳에서 사라진 것들로 "수북해진 그곳은 하나의 세계"라고 시적 주체는 말한다. "버려진 것들끼리의 유대에서 악마가 태어난다"는 생각에서 "할머니는 말린 해삼을" 시적 주체의 주머니에 넣어주며 당부했을 것이다. 살면서 "손가락 끝이 찌릿하거나 등이 싸해지거나 목덜미가 뻐근해지거나" "어깨가 무거워지거나 무릎이 휘청대거나" "바닥이 될 것 같"은 경험은 누구나 한 번쯤 있었을 것이다. 다른 세계의 존재에 대한 믿음을 가지고 있는 이들에게는 몸이 느끼는 그런 감각이 "내 몸의 바깥에서/사라졌던 사람들이 돌아오겠다고/이 세계의 바깥에서/문을 두드리고 있는 거"라고 감지된다. 내 몸을 통한 이 세계와 바깥의 다른 세계의 교감이 김명신의 시에서는 종종 그려진다. 그것을 다른 세계와 다른 존재에 대한 존중의 감각이라고 부를 수도 있겠다.

3.

다른 세계로 향하는 문을 열고 들어가면 김명신의 시에서는 낯선 세계가 펼쳐진다. 그 세계에는 개와 새와 물고기를 비롯한 다양한 동물들이 살고 있고 더불어 인간들도 살고 있다. 마치 동물의 왕국을 방불케 하는 그 세계는 사실은 현실 세계를 환기한다. 김명신의 시에는 개가 자주 등장하는데 시인 스스로도 이러한 특징에 대해 자신의 세대가 개의 속성을 닮았기 때문인 것 같다고 언급한 바 있다. 시인의 말처럼 개는 인간과 가장 친숙한 동물이기도 하고 그 때문에 서로 닮아가는 면이 있기도 했을 것이다. "너의 냄새가 내 몸에서 나"(「개가 개에게」)듯이 우리에게도 개 같은 모습이 있고 우리 중에도 검은 개, 더러운 개, 흰 개가 있음을 김명신의 시는 넌지시 말한다.

빨리 달린다고 먹이가 되지 않는 것은 아니었다

우린 두 마리
표범으로 달렸다가
갓 난 톰슨가젤의 뒷다리로 달렸다가
보아뱀의 아가리가 되었다가
못된 뻐꾸기를 붉은머리오목눈이로 길렀다가

증조할아버지의 아이를 낳는 손녀 표범이었다가
먹지도 않을 거면서 새끼 악어를 갖고 노는 하마였다가
먹이 활동에서 부상을 당한 암사자의 포효였다가
어미의 주검을 씹어먹는 어린 딸이었다가
위험한 곳에 알을 낳고 죽어가는 바다거북의 모래 속 구멍이었다가
살육의 현장을 훤히 비추는 보름의 달이었다가
살육의 현장 바다였다가
교미를 끝낸 후 뒤도 돌아보지 않고 떠나는 수사자의 뒷모습이었다가
전쟁에서 교미 한 번도 못 하고 돌아와 애벌레들의 먹이가 되는 일벌이었다가

삶과 죽음이 평행으로
혀를 길게 내밀며 서로를 핥아주고 있었다

—「우린 두 마리」 전문

김명신의 시가 동물의 세계에 관심을 가지는 것은 결국 인간과 인간 세계를 더 잘 이해하기 위해서인 것처럼 보인다. "빨리 달린다고 먹이가 되지 않는 것은 아니었다"라는 첫 문장부터 동물의 세계뿐 아니라 경쟁에 내몰린 인간 사회를 강하게 환기한다. 먹이사슬로 얽힌 정글의 세계에서는 아무리 빨리 달린다고 해도 먹이사슬에서 벗어나기 어렵다. 신자유주의가 구축한 경쟁 사회 또한 다를 바 없다. 표범, 갓 난 톰슨가젤의 뒷다리, 보아뱀의 아가리, 붉은 머리 오목눈이 둥지에서 자란 뻐꾸기, 손녀 표범, 새끼 악어를 갖고 노는 하마 등 끊임없이 변신하지만, 먹이사슬에서 자유롭게 놓여날 수는 없을 것이다. 다만 변하지 않

는 사실이 있다면 "우린 두 마리"라는 실존, "삶과 죽음이 평행으로/혀를 길게 내밀려 서로를 핥아주고 있"다는 것이 아닐까. 동물이 등장하는 김명신의 시들은 대체로 동물의 세계를 통해 우리가 사는 인간 세계를 보여주고자 한다. 그녀의 시가 종종 알레고리로 읽히는 까닭도 여기에 있을 것이다.

3

큰 소가 필요해서, 내 하느님이 필요해서, 예쁜 여자가 필요해서, 높은 지위가 필요해서, 석유가 필요해서, 살기 좋은 땅이 필요해서, 총이 필요해서, 필요해서, 필요해서, 필요해서 싱싱한 것들은 부패의 시간을 거쳐 죽음의 시간을 갖게 되었다

죽음은 생성을 위한 시작임에도 죽지 않은 죽음은 영생불멸의 창고에 갇혀 생명을 잉태하지 못하고 있다

언제부턴가 나는 벙어리에 귀머거리가 되었고
한 발짝도 내 의지로 나아가지 못하고

신념도 모방된다는 것을 지구에서 알았다
먹을 것이 넘쳐나는 밥상에서 나는 숟가락을 들 수 없다

4

잠시 묵상하는 법을 배웠다

그때 보았다
제 살점을 뜯어먹고도 모자라 뼈를 씹어 먹고 있는 나를
피가 철철 흘러넘치도록 그것이 붉은 사해를 만들어도
붉은 포도주라 우기며 한 잔 또 한 잔 삼키는 나를

허기는 폭력을 재생산하고 지구를 갉아먹고 있었다

—「공의 환대」 부분

싱싱한 공을 좋아하는 한 마리 고양이로 자신을 상상하는 데서 시작하는 이 시는 문명 비판적인 시라는 점에서 시 전체를 하나의 알레고리로 읽을 수 있다. 권력을 탐하는 인간의 욕망은 대개 어떤 필요와 소유욕에 의해 시작될 것이다. 큰 소가 필요한 경우도 있을 것이고 내 하느님이나 예쁜 여자, 높은 지위가 필요한 경우도 있을 것이다. 핑계 없는 무덤은 없다고 가질수록 이것저것 필요한 것은 많아질 것이고 필요한 것이 많아질수록, 그래서 더 많이 가지려고 할수록 "싱싱한 것들은 부패의 시간을 거쳐 죽음의 시간을 갖게" 될 것이다. 죽음이 생성을 위한 시작이 되어야 하는 것이 생태계의 섭리이지만 이 욕망의 시대에 "죽지 않은 죽음은 영생불멸의 창고에 갇혀 생명을 잉태하지 못하고 있다". 언제부턴가 한 발짝도 내 의지로 나아 가지 못하고 벙어리에 귀머거리가 되었다. "신념도 모방"되는 이 지구에서 나의 욕망과 의지도 나의 것이 아닐 수 있음을 김명신의 시는 성찰한다. "먹을 것이 넘쳐나는" 풍요로운 밥상이지만 시적 주체는 "숟가락을 들 수 없다"고 고백한다. "허기는 폭력을 재생산하고 지구를 갉아먹고 있었"음을 그는 묵상하는 법을

배운 뒤에 비로소 깨닫는다. 허기와 결핍을 메우려는 필요와 욕망에 의해 지구를 죽이는 폭력의 재생산 구조에 자신 역시 동참하고 있었음을, 결과적으로 침묵의 동조자에 불과했음을 깨달은 김명신의 시적 주체는 문명 비판적 인식을 드러내고 죽음과 생명의 생태계적 순환을 되찾는 생태주의적 인식에 이르게 된다. "나무 한 그루와/씨앗 하나/그것을 키우고 먹고 배설하여" "자연 그 자체로 성장하여/기다릴 줄 아는 지혜를 반찬 삼아" "숟가락 하나로/배부를 수 있는"(「공의 환대」) 세상을 다시 일궈 나가야 함을 고양이의 시선으로 세상을 바라보면서 시적 주체는 비로소 깨닫게 된다.

시집에 실린 또 한 편의 긴 시 「아트케이지 2」에서도 시인은 "특허받은 청정 시스템으로 멸종 위기에 놓인 인간들의 세상을" "복제하고 주문 생산"한 아트케이지라는 가상현실을 보여줌으로써 디스토피아적 인식을 드러낸다. 현대문명에 대한 시인의 비판적 인식은 인간의 욕망으로 향한다. 아트케이지라는 가상의 공간조차 "대통령, 교육부 장관, 국방부 장관, 통일부 장관, 국회의원"(「아트케이지 2」) 등등 권력을 지닌 자들이 우선권을 얻는 현실을 보여줌으로써 권력지향적인 인간의 욕망이 결과적으로 생태계를 파괴하고 멸종 위기를 불러 왔음을 보여주고자 한다. 김명신의 시에 인간이 구축한 현대문명이 부정적으로 그려지고 다종의 동물들이 자주 등장하는 까닭은 위기에 봉착한 현대문명을 구원할 길이 생명이 지닌 원래의 모습을 회복하는 길밖에 없음을 시인이 잘 알고 있기 때문이다. 김명신 시의 바탕을 이루는 것은 이러한 생태주의적 인식이다.

4.

김명신의 시에서 비교적 긍정적인 모습으로 그려지는 주체는 언니와 아이들이다. 언니들의 연대를 드러내거나 금기에 맞서는 아이들의 놀이를 보여주는 시에서 김명신 시의 바탕에 드리워진 여성주의적 인식을 감지할 수 있다. "나랑 영화 보러 갈래/맛있는 거 사줄게". 앞집 언니의 유혹은 "허락을 받을 수 없"다는 사실 때문에 시적 주체에게 무거운 죄책감을 주지만 동시에 그만큼 즐거움을 선사한다. 금기를 넘는 일의 위험과 즐거움을 동시에 맛보게 해준 최초의 타자가 김명신의 시적 주체에게는 언니의 모습을 하고 등장했던 모양이다. 영화를 보는 내내 한편으로는 불안해하지만, 시적 주체는 결국 언니의 유혹에 이끌린다. "집은 아직 멀리 있"고 눈은 소복하게 쌓이지만, 영화가 끝난 뒤에도 시적 주체는 "뭐 먹을래"라는 언니의 유혹에 여전히 이끌리고 마침내 "우리는 밝아"(「언니는 맛있어」)진다. 금기를 넘는다는 두려움을 이겨낸 자리에 찾아오는 것은 밝음인데, 이것은 그녀가 새로운 세계에 들어섰음을 의미한다.

금기에 맞서는 존재로 김명신의 시에 등장하는 또 하나의 주체는 아이들이다. 무리 지어 놀기 좋아하는 아이들은 "약속하지 않아도 오후엔 서성거"리며 몰려다니는데 "입구는 사다리꼴 모양으로 누군가 문을 만들어"둔 그곳 앞에서 늘 망설이기만 한다. "마치 그 문을 통과하기라도 하면 집으로 돌아올 수 없을 것만 같"은 두려움이 아이들을 사로잡고 있다. 금기가 주는 두려움 앞에서는 소년들이라고 다를 건 없었다. "동요는 절대 부르지 않겠다던 소년들이 죽은 자를 밟고 고함을 지르는 것이 노래라고" 우기는 모습을 보일 뿐이었다. 그러나 많은 금기가 대체로 그렇듯, 막상 금기를 넘어서고 나면 별 게 아닌 경우가 대부분이다.

두려움이 키운 금기일 뿐 "비밀의 내부는 밝았지만 길지 않았고 한 번도 제대로 놀다 왔다고 말할 수 없는" "힘없는 비밀"(「밤실 엘레지」)이 그곳엔 있었다.

물이 앓는 소리에 상어가 정말 올까요

기다리는 건 누구의 일이죠
시간이 무거워지고 있어요

바다는 출렁일 뿐
소년은 말라가고

상어가 소년을 소년이 코코넛을
코코넛이 바다를 바다는 상어를

같아지지 않으면
동그랗지 않으면

우리의 식탁, 주문은 왕성하고
저마다의 상어를 그려놓고 기도를 올리고 있지

바다와 바다 사이에 소년이
소년과 소년 사이에 상어가
상어와 코코넛 사이에 고기들이

코코넛과 바다 사이에 상어가

소년은 텅 비었고,

—「상어를 부르는 소년」 전문

금기를 통과한 소년이 마주하는 것은 상어를 향한 기다림이다. "물이 앓는 소리에 상어가 정말 올"지 의심해 보기도 하지만 출렁이는 바다를 마주하고 소년은 하염없이 상어를 기다린다. 시간은 무거워지고 소년은 말라가지만 상어를 부르는 소년의 꿈은 사라지지 않는다. "상어가 소년을 소년이 코코넛을/코코넛이 바다를 바다는 상어를" 부르며 이들은 서로 연결되어 있다. 생명의 그물 속에서 관계를 맺고 있으므로 소년의 바람은 결국 상어를 불러올 것이다. "소년은 텅 비"고 기다림만이 남을지라도 상어를 부르는 소년의 꿈은 그 자체로 아름다운 환상을 불러온다.

시인의 말

한 번도 슬프지 않은 적 없습니다
딱 한 번 마주한 눈빛
등은 왜 앞을 보여주지 않나요,
심연에 바닥이 있을까요,
나는 나를 통과 중입니다
아이스블루는 오늘의 식탁입니다
악마의 밥상 위에 누워 천사의 날개를 건드리는 여기는 어떤가요,

金春培, 金滿子, 金應秀 님께 이 시집을 바칩니다.

2016년 10월
안개가 살고 있는 무동에서

실천시선 248
고양이 타르코프스키

2016년 11월 9일 1판 1쇄 찍음
2016년 11월 16일 1판 1쇄 펴냄

지은이 김명신
펴낸이 윤한룡
편집 김현, 박혜영
디자인 이지윤
관리·영업 김선화

펴낸곳 (주)실천문학
등록 10-1221호(1995.10.26)
주소 서울특별시 성북구 보문로 82-3 801호(보문동 4가, 통광빌딩)
전화 322-2161~5
팩스 322-2166
홈페이지 www.silcheon.com

ⓒ 김명신, 2016
ISBN 978-89-392-2248-9 03810

이 책은 경남문화예술진흥원의 문화예술지원을 보조 받아 발간되었습니다. 경남문화예술진흥원 GYEONGNAM CULTURE AND ARTS FOUNDATION

이 책 내용의 전부 또는 일부를 재사용하려면
반드시 지은이와 실천문학사 양측의 동의를 받아야 합니다.

이 도서는 국립중앙도서관 출판시도서목록(CIP)은
e-CIP홈페이지(http://www.nl.go.kr/ecip)와
국가자료공동목록시스템(http://www.nl.go.kr/kolisnet)에서 이용하실 수 있습니다.
(CIP제어번호:CIP2016026854)